산돌 손양원

손양원 목사 이야기

글 이경윤

동국대학교 대학원 문예창작과 석사 과정
어린이책 작가교실 15기
2010년 동화 《천사와 할아버지》로 기독신춘문예에 당선
초중등 교과서 및 학습지의 스토리 작업 참여
모두가 쉽게 읽을 수 있는 교양도서 집필과 어린이를 위한 창작동화 집필 활동 중
대표작품: 《세계의 신화》, 《세계의 천사와 악마》, 《로마제국의 역사》 등
lky000@hanmail.net

원화 이창윤

1993년 주간만화 `죄 그리고 벌` 로 데뷔
다수 단편작품 제작
한국만화가협회 정회원
1998년부터 미국유학, 캐리커쳐, 삽화가와 인물화가로 활동
시카고 선 타임지에 한국 캐리커쳐 화가로 소개
맥도날드 시카고 본점에서 전직원 단합대회 때 초청쇼
미주 스포츠 서울 USA 에 4년 간 삽화와 만화 제작
2005년 귀국 후 현재는 일본에서 캐리커쳐샵 운영하며 만화 제작 및 한국 만화가로 활동 중
대표작품: 《세계의 천사와 악마》, 《세계의 몬스터》 등

펜터치 한파랑

일본 오사카 종합디자인 컬리지 코믹아트학과 전임교원
우리만화연대 정회원
한국콘텐츠학회 정회원
한국만화 에니메이션학회 국제교류위원

칼라링 이주형

2005년부터 모바일·출판을 통한 다수의 만화컨텐츠 제작
킬러전담, 개릭터 제작 작업 다수
2013년 현재 만화제작팀 JH Ent. 대표로 스마트폰 기반의 만화컨텐츠를 기획·제작 중

산돌 손양원

손양원 목사 이야기

글 이경윤 그림 이창윤 한파랑 이주형

KIATS

머리말

　여러분은 위대한 사랑이 어떤 것이라 생각합니까. 지금까지 살아오면서 위대한 사랑을 경험해 본 적은 있었는지요. 아마도 위대한 사랑이라 하니 부모 자식 간의 사랑을 떠올릴지도 모르겠습니다. 하지만 부모 자식 간의 사랑은 부모가 되어봤거나 자식이 되어 본 사람이라면 누구나 경험하는 사랑이기에 위대한 사랑의 범주에서 빼고 생각해 봐야 할 것 같습니다. 그렇다면 위대한 사랑을 생각할 때 떠오르는 것으로는 아마도 인류를 위해 십자가에 못 박혀 죽은 예수나 오직 가난하고 병든 자들을 위해 일생을 바친 테레사 수녀 정도가 될 것 같습니다.

　그런데 이상한 것이 있습니다. 요즘에는 도통 이런 위대한 사랑을 구경조차 하기 힘들다는 사실입니다. 문명은 발달을 거듭해 최첨단을 향해 가고 있는데 이상하게도 사랑만은 오히려 퇴보하는 느낌입니다. 그래서 사람들은 현대사회를 사랑이 메마른 사회라 부르기도 합니다. 다행인 것은, 그나마 감동적인 영화나 드라마, 소설을 통해 가끔 위대한 사랑을 만날 수도 있다는 사실입니다. 현대인들은 그때나마 잠시 위대한 사랑을 만나 마음 깊숙한 곳에서 흘러나오는 눈물을 쏟아내기도 하고 가슴이 벅차오르기도 합니다. 하지만 이러한 것들은 대부분 픽션에 의지한 것이라 우리의 기억 속에서 하나의 지식으로만 머물 때가 많습니다.

　인간에게 위대한 사랑은 왜 중요한 것일까요. 온통 경쟁과 거짓과 시기와 미움이 판을 치는 세상입니다. 이런 혼탁한 세상 속에서 위대한 사랑은 그야말로 새까만 밤바다를 비추는 등대처럼 인간의 마음을 밝혀 주고 또 희망의 길로 이끌어주는 중요한 역할을 하기에 중요한 것입니다. 그럼에도 불구하고 문명이 발달하면 발달할수록 위대한 사랑은 우리에게서 점점 멀어져만 갑니다. 거기에는 여러 가지 이유가 있겠지만, 어쨌든 우리는 위대한 사랑을 지키고 발굴하기 위해 노력해야 합니다. 그것이 인류를 희망으로 안내해 줄 수 있는 최선의 길이기 때문입니다.

오늘 소개하려는 애양원과 손양원은 그런 면에서 우리에게 너무도 소중한 존재입니다. 언뜻 보기에 성씨만 다르고 이름은 같은 두 사람처럼 느껴질지 모르나 애양원은 우리나라 역사에 위대한 사랑을 보여준 한센인 공동체의 이름이고 손양원은 마찬가지로 그 애양원에서 우리나라 역사에 위대한 사랑을 보여준 목사의 이름입니다.

애양원에는 나라와 민족의 경계를 넘어 인류애를 보여준 선교사들의 가슴 아린 이야기가 묻혀 있고 자신의 자식을 죽인 원수까지 양아들로 삼으며 믿을 수 없는 사랑을 보여준 손양원 목사의 위대한 이야기도 담겨 있습니다. 지금처럼 메마른 세상에 이 이야기는 하나의 충격일 수도 있고 뜨거운 감동의 눈물일 수도 있습니다. 그래서 이 이야기를 여러분에게 전하고자 합니다. 우리의 역사에도 위대한 사랑 이야기가 있었다는 사실이 너무도 자랑스럽습니다. 픽션으로 지어낸 위대한 사랑이 아닌, 생생히 살아 숨 쉬는 위대한 사랑 이야기가 실제로 있었던 것입니다. 이제 잠잠히 마음을 가다듬고 조용히 이 위대한 사랑 이야기에 우리 모두 귀를 기울여 보기 바랍니다.

이경윤 외

차례

1장 김수남 할머니 • 9

2장 사랑이 자라는 동산, 애양원 • 27

3장 손불 손양원과 애양원 • 53

애양원을 사랑하게 하소서
손불 손양원 이야기

4장 애양원에 부는 바람 • 85

신사참배의 칼날

뿔뿔이 흩어져

절대 신사참배는 못하겠소!

5장 사랑과 용서 • 121

다시 만난 가족

아홉 가지 감사, 그리고 용서

하늘가는 밝은 길

6장 애양원과 사랑의 사람들 • 161

부록 • 178

손양원 목사와 애양원
손양원 목사 연보
사진으로 보는 애양원과 손양원 목사
애양원 소개
애국지사 산돌손양원 기념관 소개

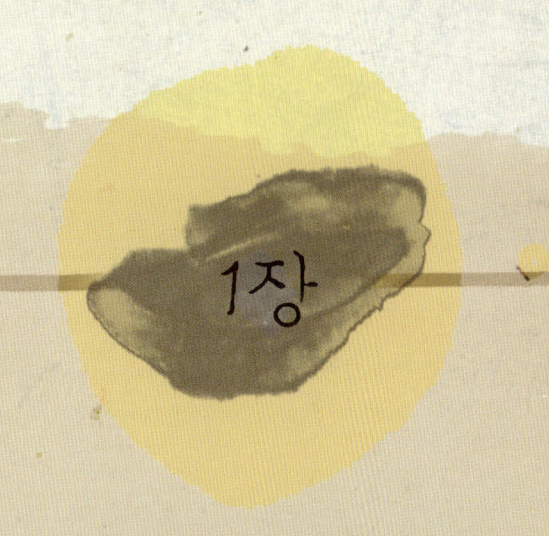

1장

김수남 할머니

"인생아, 너희는 내 살을 먹고 내 피를 마시라. 나를 잡으라"
하신 예수님의 말씀처럼 예수를 먹어야 삽니다.
"너희도 가고자 하느냐, 너희도 가리라."
할 때에 베드로가 "아니 가겠다."고 하였습니다
기독자여 무엇을 찾고 있습니까?
예수를 찾으십시오
여기에 만족과 삶이 있습니다.

-손양원 목사 설교 중-

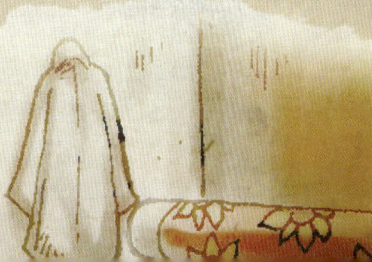

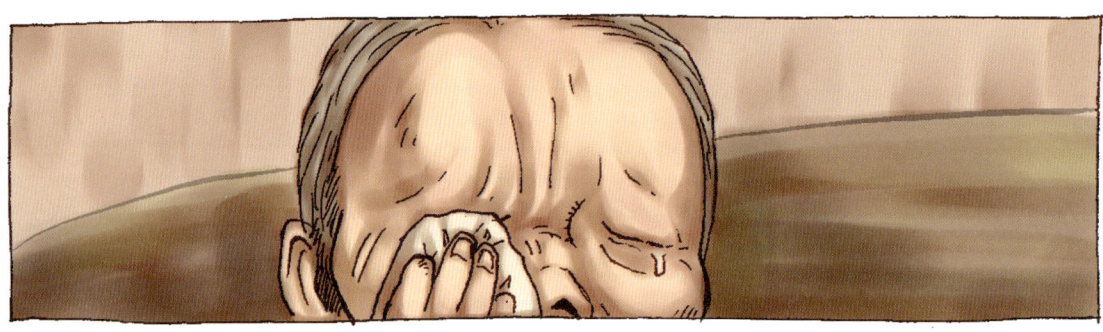
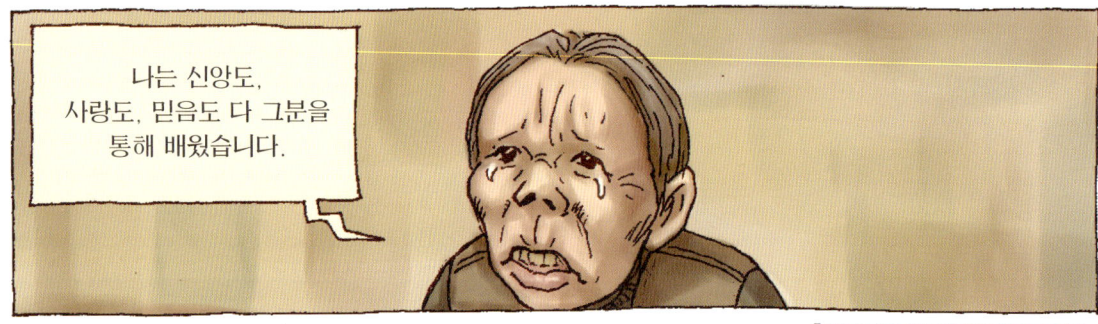

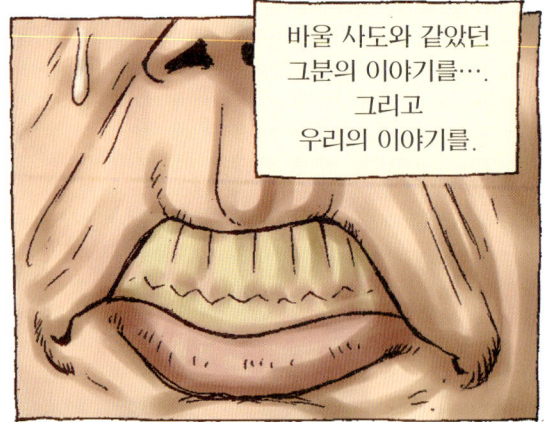

꽃다운 열다섯 소녀에게
어느 날 무서운 병이 찾아왔다.

가족까지도 외면한 무서운 병.
모두를 위해 도망치듯 떠나야 했다.

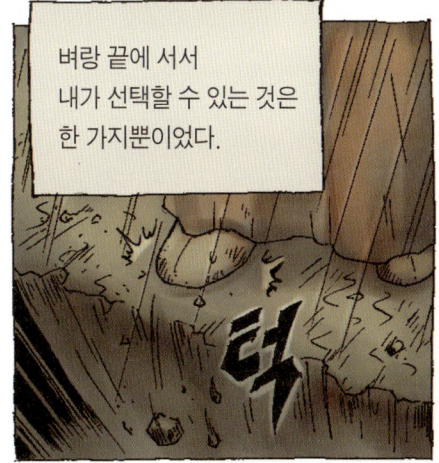

벼랑 끝에 서서
내가 선택할 수 있는 것은
한 가지뿐이었다.

그때는 그렇게 모든 걸
끝내고 싶었다.

죽음조차 마음대로 허락되지 않은 모진 세상!

기구한 나를 구한 이도 나 같은 한센인이었다.

죽을 용기가 있으면 아직 살 힘도 있다는 거요.

아니면 부산 감만동에 가보시던지.

부산 감만동….

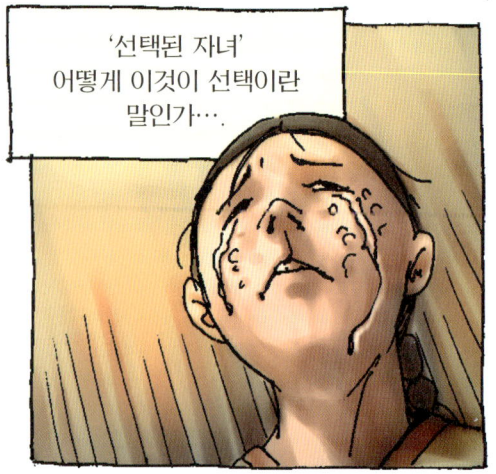

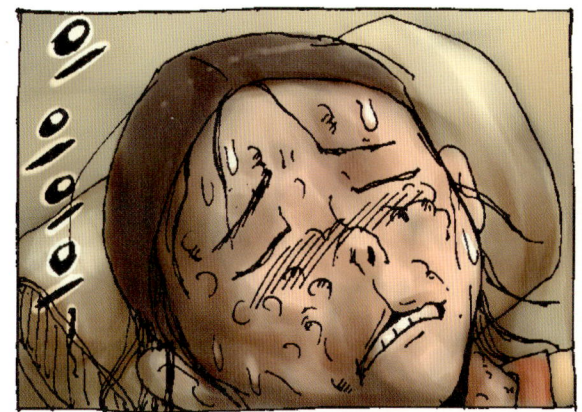

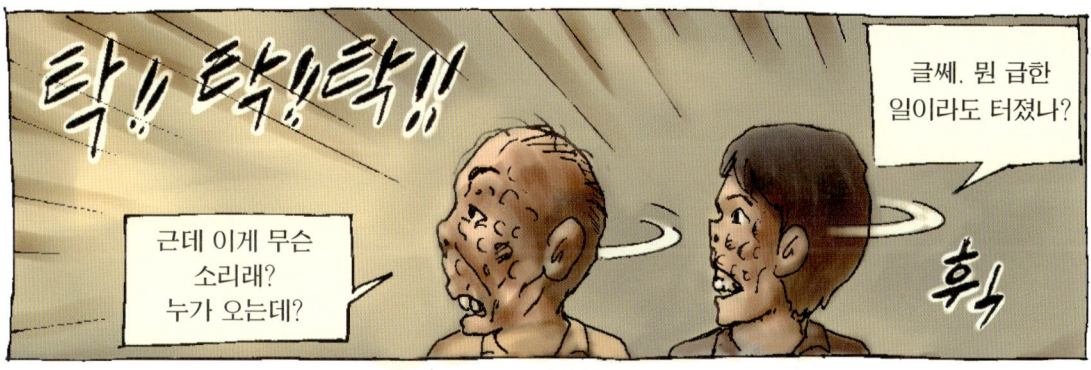

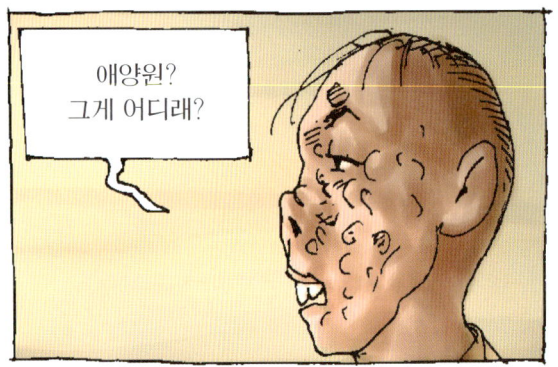

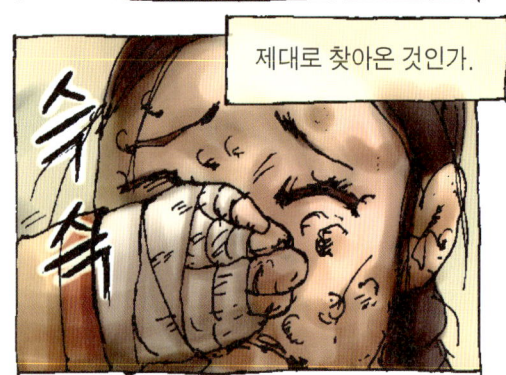

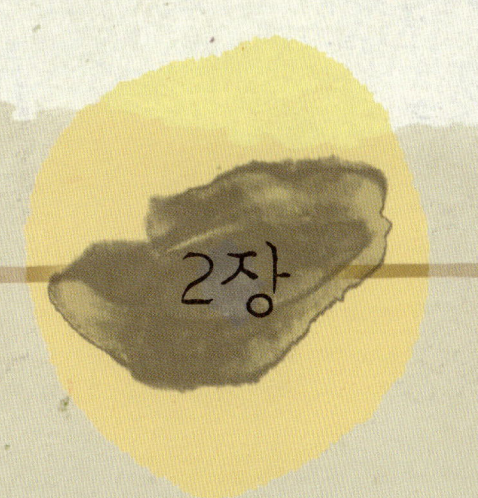

사랑이 자라는 동산 애양원

나를 사랑함과 같이 남을 사랑하는 데는
위대한 진리가 있습니다.
'나'라는 '나'는 하나님 다음입니다.
나와 같이 남을 사랑한다는 것
인간의 사랑 중에는 이것 이상이 없습니다.

-손양원 목사 설교 중-

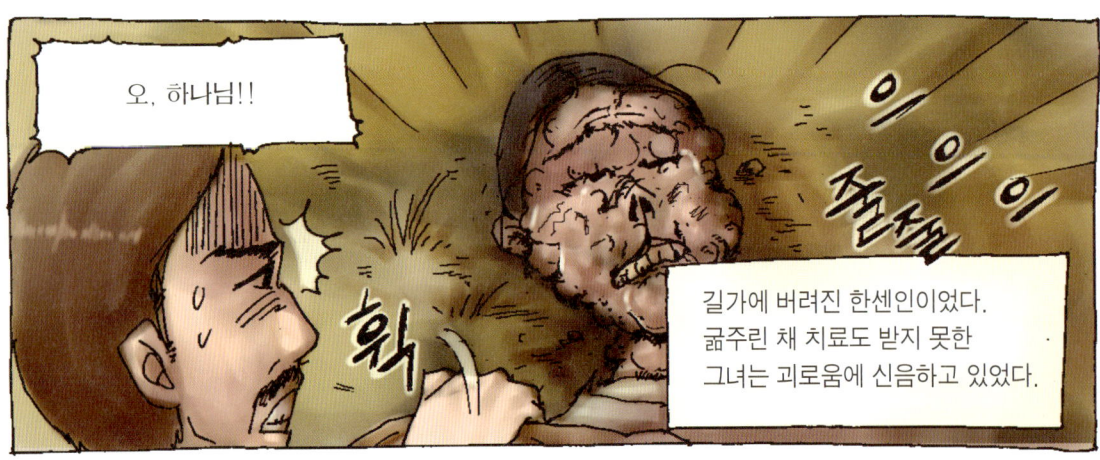

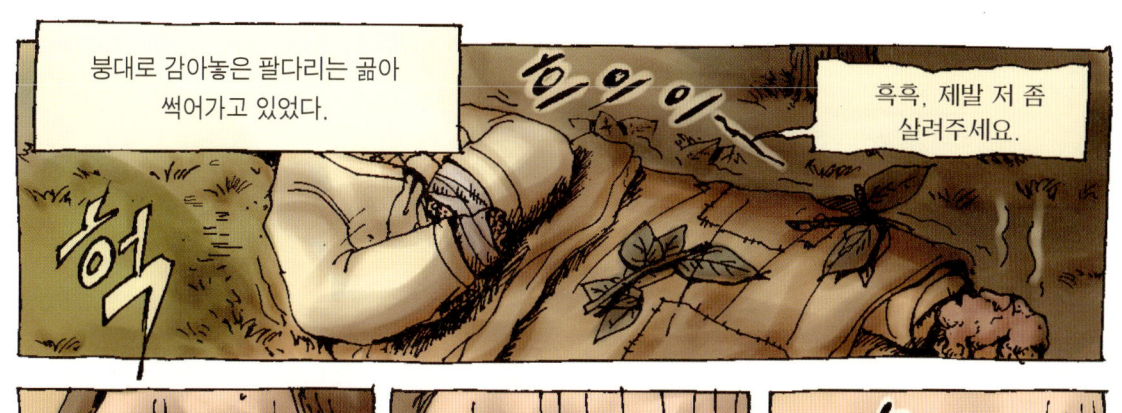

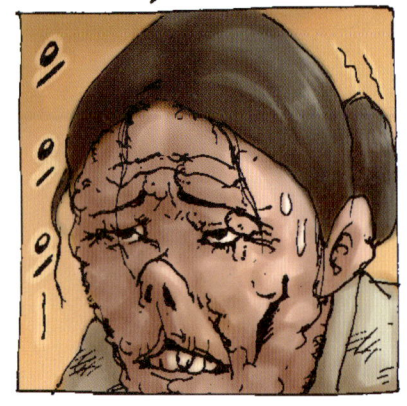

미스터 최, 그 지팡이 좀 집어 주세요.

지팡이에는 피고름이 묻어 있었다.

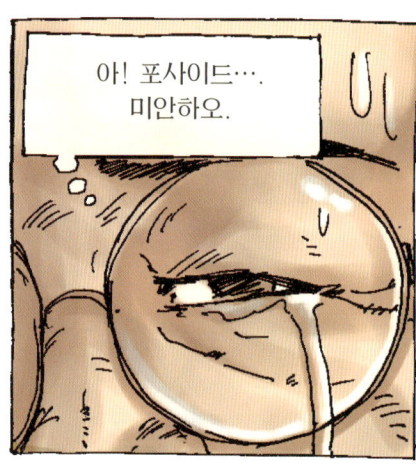

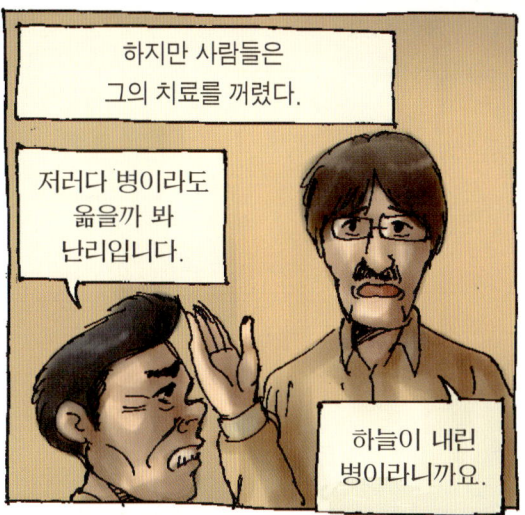

당시 선교사들이 세운 한센인 치료소는 여수의 애양원 외에도 대구의 애락원, 부산의 상애원 등이 있었다.

하지만 아직 수용하지 못하는 더 많은 환자가 남부 지방에 많이 몰려 있었다.

나환자촌 확대

나환자촌 확대!

최흥종은 환자 수백 명을 데리고 서울로 올라가 치료소와 정착 마을의 확대를 요구했다.

1916년 총독부에 의해 만들어진 소록도를 제외하면 대부분의 한센인 사역은 선교사들에 의해 이루어졌다.

3장

손불 손양원과 애양원

주여, 나로 하여금 애양원을
참으로 사랑할 수 있는 사랑을 주시옵소서.
주께서 이들을 사랑하심과 같은 사랑을 주시옵소서.
이들은 세상에서 버림받은 자들이고,
부모와 형제의 사랑에서 떠난 자들이고,
세상 모든 인간이 다 싫어하여 꺼리는 자들이오나
오! 주여,
그래도 나는 이들을 진정으로 사랑하게 하여 주소서

-손양원 목사 일기 중-

애양원을 사랑하게 하소서

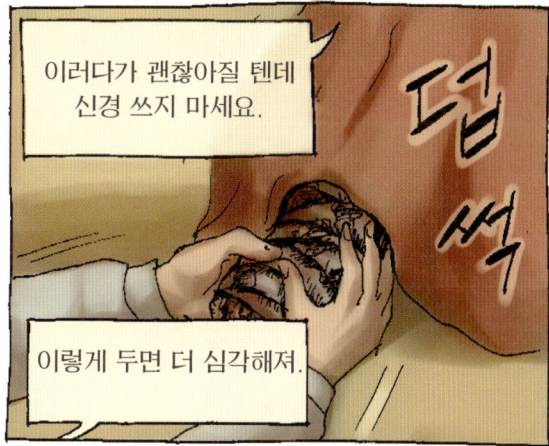
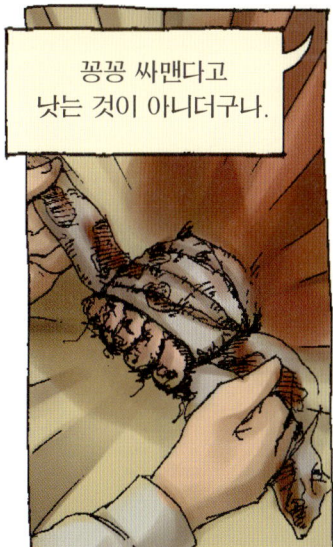

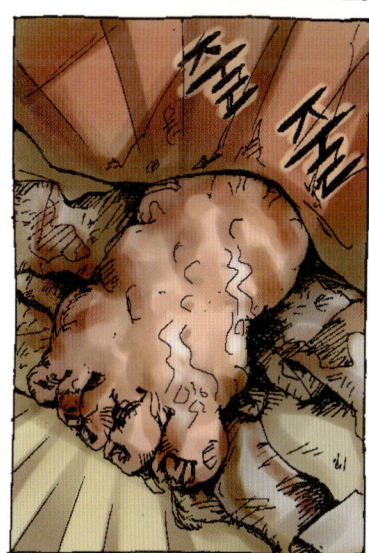

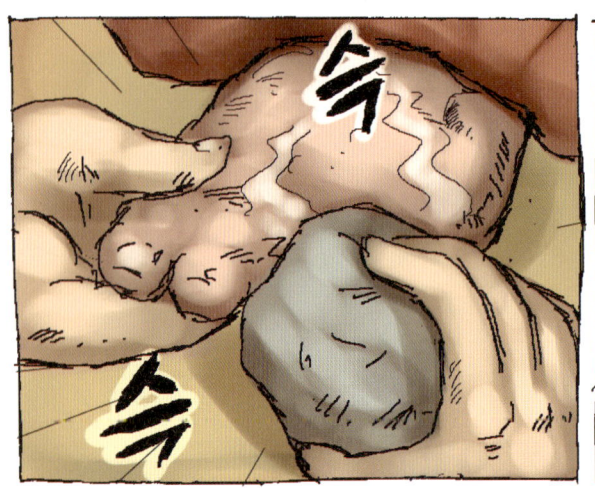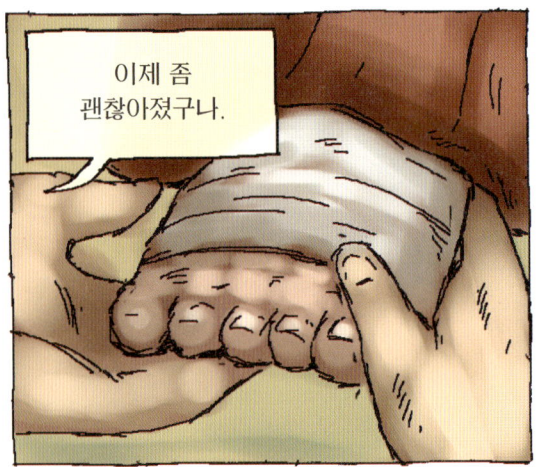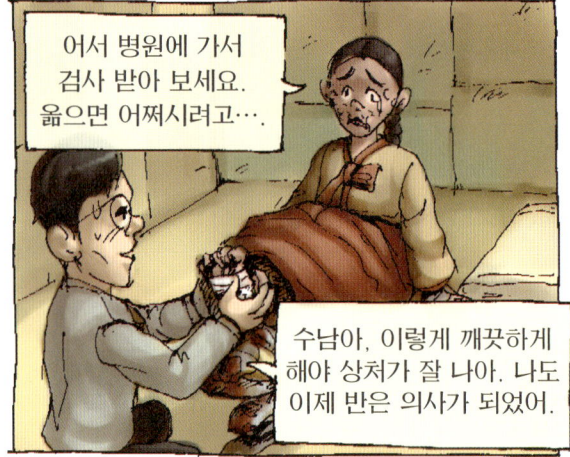

아, 글쎄 이런 장벽은 없애버려야 한다니까요!

목사님, 그러다 병이 옮을 수도 있어요.

가림막을 없애야 합니다!! 허물어야죠.

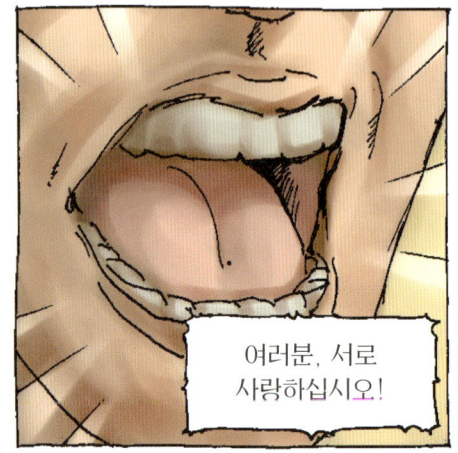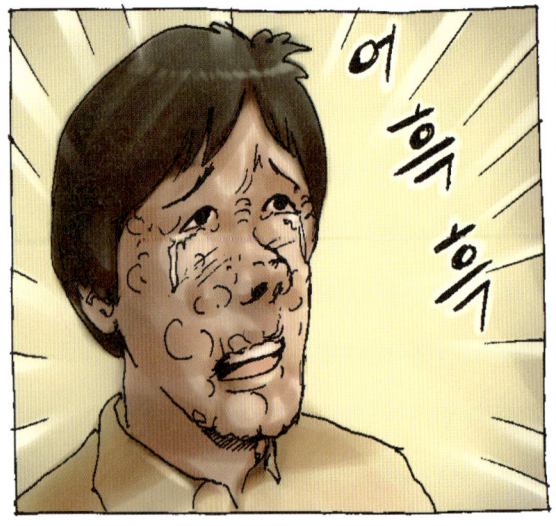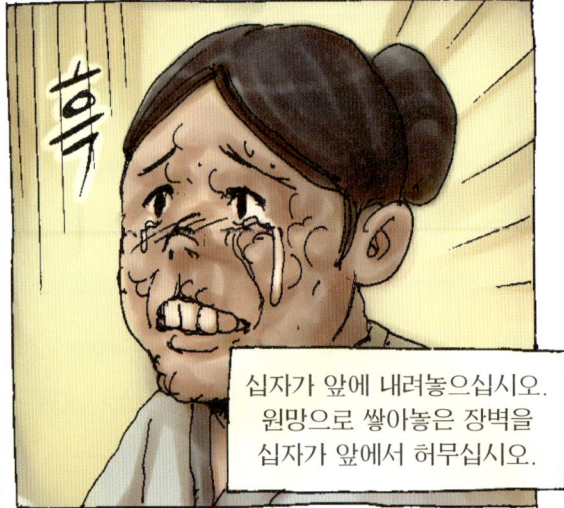

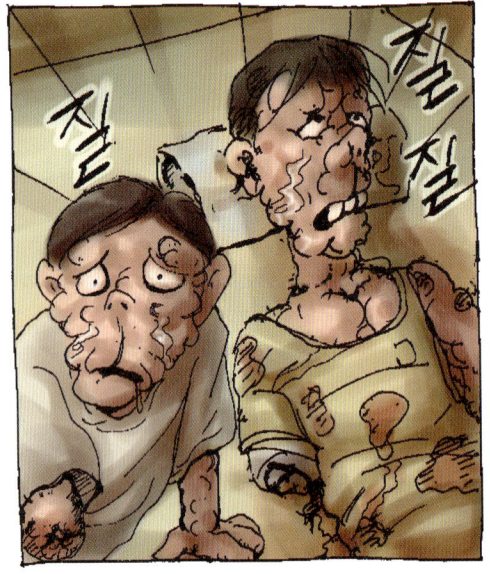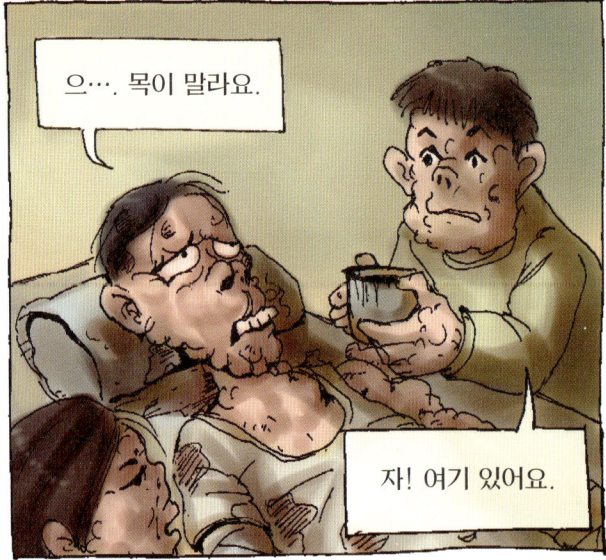

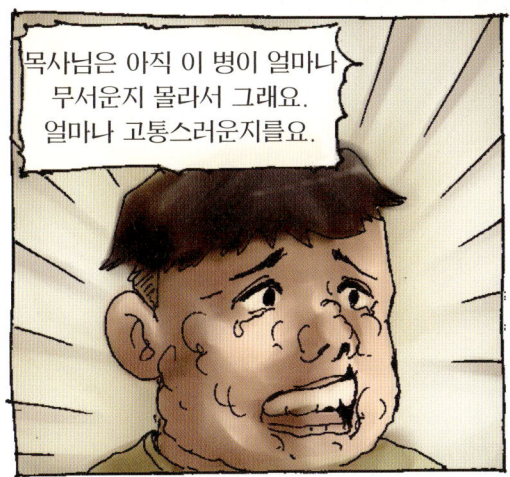

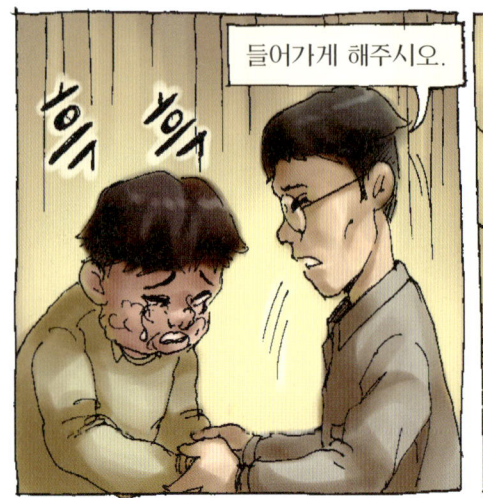

손불 손양원 이야기

1908년, 손양원이 7살이었던 어린 시절, 아버지 손종일을 따라 처음으로 교회를 접했다.

처음 문을 연 그 예배당에서 그의 신앙 이야기도 시작된다.

제 이웃집 동생 손종일이고, 아들 손양원입니다.

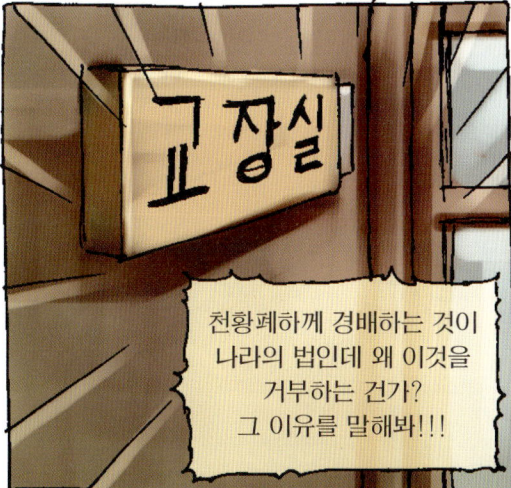

기독교는 역경에서 더 큰 진리를 찾게 되는 종교입니다.
세상에는 삼대 모순이 있습니다.

첫째, 살고 싶으나 죽는 일입니다.
둘째, 선을 행하고 싶으나 죄악이 따릅니다.
셋째, 복을 받고 싶으나 화(禍)가 이릅니다.

그렇기 때문에 이런 모순 속에서 어떤 진리를 찾아낼 수 있습니다.
그것은 우리 기독자만이, 신앙인만이 가질 수 있는 특권인 것입니다.
즉, 절망 중에서도 위대한 소망을 발견하게 되는 종교인 것입니다.

-손양원 목사의 설교 '기독교는 나환자의 종교이다' 중에서-

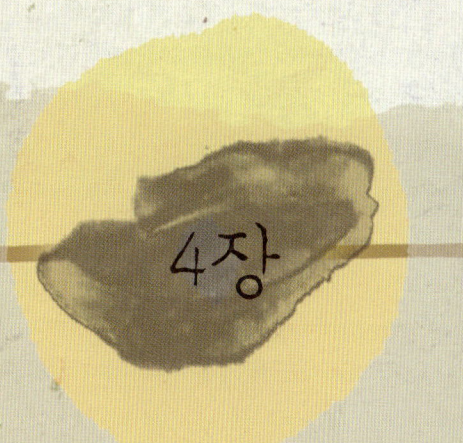

4장

애양원에 부는 바람

국기 경배는 우상입니다.
예수의 사진에도 경배하지 않습니다.
조선의 태극기에는 태음太陰, 즉 우주가 들어 있습니다.
우주의 주인은 누구입니까?
주인을 경배하지 않고 주인이 만든 물건에게 경배하니 죄입니다.
저도 태극기를 사랑합니다. 그러나 절은 아니 합니다.

-손양원 목사 설교 중-

신사참배의 칼날

1940년 9월 25일 수요일!

세상은 많은 신이 있다 하지만, 유일한 신은 하나님이십니다. 그 하나님이 우리의 하나님이십니다.

일본이 강요하는 신사참배는 잘못된 것입니다. 우리는 십자가만 바라보며 나아가야 합니다.

당시 일본은 대동아공영을 부르짖으며 신사참배를 더욱 강요했다.

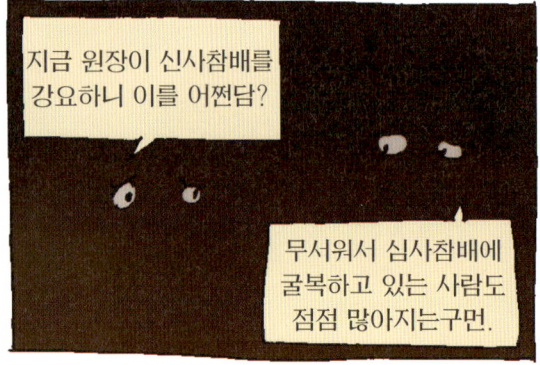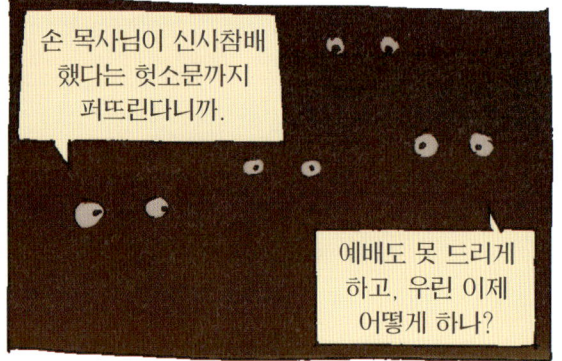

뿔뿔이 흩어져

진주 남강 다리 밑

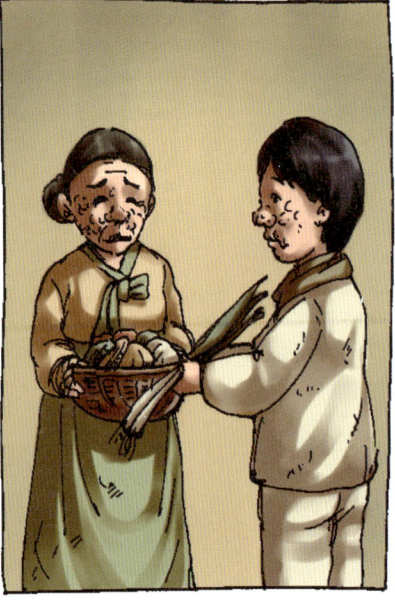

절대 신사참배는 못하겠소!

옥중의 손양원 목사는 어떻게 지내고 있었을까?

잔혹 무도한 일본놈! 너희네 천황한테 경배하라는 것이 옳은 것이냐?

아무 죄 없는 사람을 가두어 놓다니, 어서 보내달라!

와글 와글

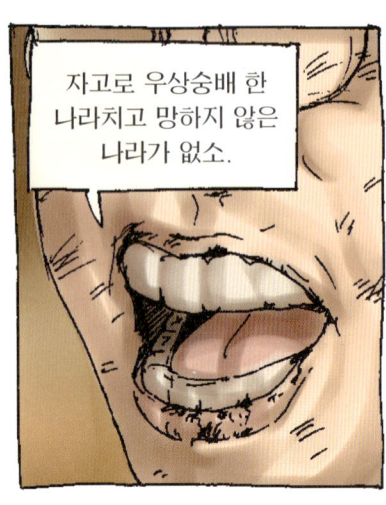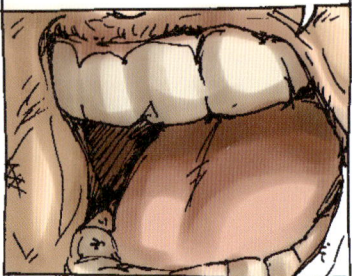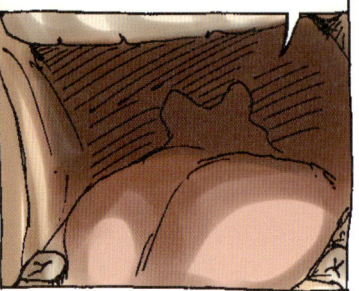

절대 동방요배, 신사참배는 하나님을 거역하는 것이니 하지 말 것. 연로하신 할아버지 잘 봉양하고 말씀 잘 지킬 것.

동인의 눈에는 '동방요배, 신사참배는 하지 말 것'이라는 글귀밖에 들어오지 않았다.

동인은 부끄러움과 죄책감에 흐느껴 울었다.

뭐야! 무슨 일이야?

애통하는 자는 복이 있나니
그들이 위로를 받을 것임이요

의를 위하여 박해를 받은 자는 복이 있나니
천국이 그들의 것임이라

비인 방 혼자 지키어 고적을 느끼나
갖가지 고난아 다 오려무나
괴로운 중에 진리를 모두 체험하리라.

부산에 있는 아들 동인에게

물질은 구하고자 하나 구해도 얻지 못하고, 사람의 생사는 임의로 좌우됨이 아닌즉,

범사를 주께 맡겨 자연히 태연히 걷는 걸음에서 주의 섭리의 권고가 있을지니,

너희는 항상 기뻐 범사에 감사의 생애를 보내라.

이것이 기독자니라.

평시 범상시에는 누구든지 기뻐 않으리오.

고난과 역경 중에 감사하고 기뻐함이 신앙생활이다.

고난을 피하려고 염려하지 말고, 도리어 감수하고 극복하라.

피하려고 애쓰는 자는 근심이 더해지고, 감수하는 자는 진리 발견의 기쁨이 충만하리라!

고난을 감수하니 마음속이 낙원이요, 만사를 극복하니 용사보다 강하도다.

-1945년 7월 27일 옥중서신 중-

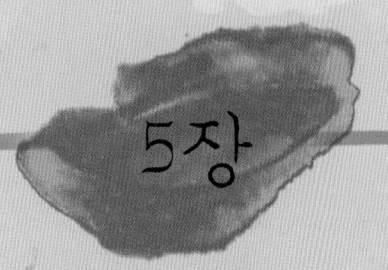

5장

사랑과 용서

꽃피는 봄날에만 주의 사랑 있음인가
땀을 쏟는 염천에도 주의 사랑 여전하며
열매 맺는 가을에만 주의 은혜 있음인가
추운 겨울 주릴 때도 주의 위로 더할 것은

솔로몬의 부귀보다 욥의 고난 더 귀하고
솔로몬의 지혜보다 욥의 인내 아름답다
이 세상의 부귀영화 유혹의 손길 되나
고생 중의 인내함은 최후 승리 이룩하네

-꽃피는 봄날에만-

다시 만난 가족

동희야, 동장아!

아, 아버지?

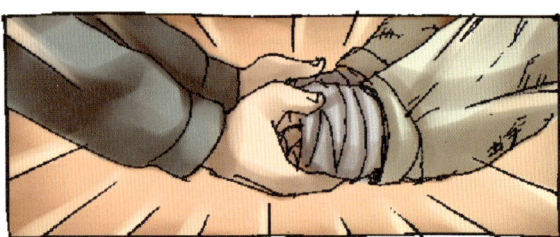

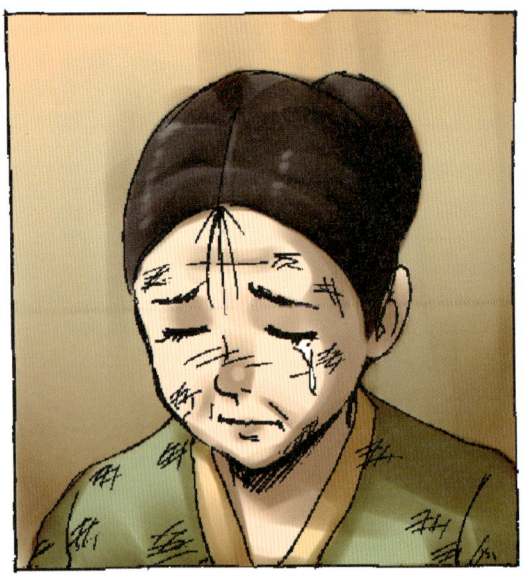

아홉 가지 감사, 그리고 용서

봄이여 왜 떠나시려오.
그 어느 뉘 그대를 사모하지 않던가.
봄이여 그런데 왜 벌써 떠나시려오.

애양원과 손 목사의 가정에도 점차 안정과 평화가 찾아왔다.

그러나 해방 후 사회와 정치는 점차 불안해졌다.

1948년 10월 어느 날. 사회 저변에 흐르던 좌우 이념의 대립이 충돌하게 되었으니.

바로 '여순사건'이었다.

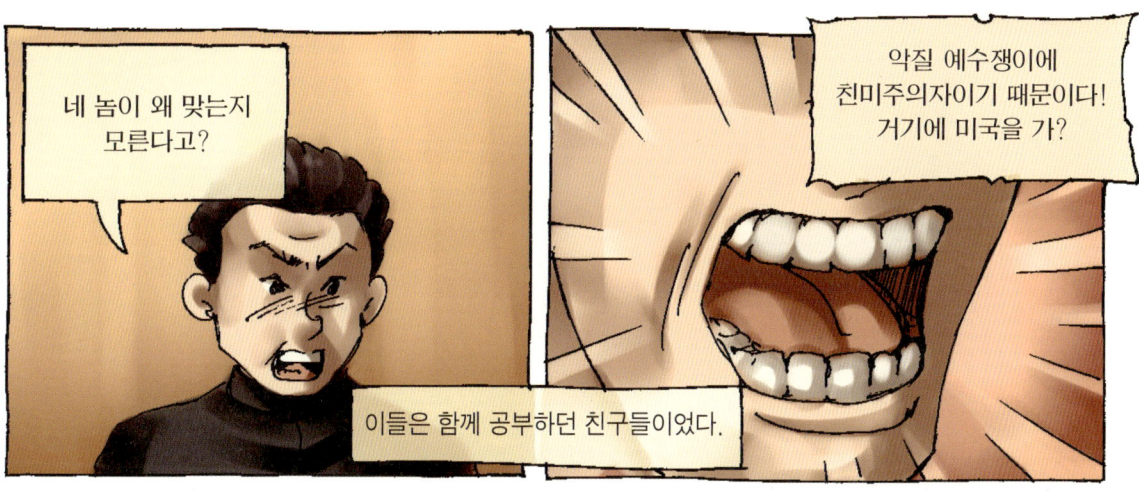

목숨을 구할 기회를 주겠다.

만일 예수 사상을 뽑아버리고 공산주의에 협력하면 살려주겠다.

아홉 가지 감사

첫째, 나 같은 죄인의 혈통에서 순교의 자식이 나게
        하시니 감사합니다.
둘째, 허다한 많은 성도 중에 어찌 이런 보배를 내게
        맡겨 주셨는지 감사하며,
셋째, 삼남 삼녀 중에서도 가장 아름다운 두 아들, 장자
        차자를 바치게 되어 감사합니다.
넷째, 한 아들의 순교도 귀하다 하거늘 두 아들이 순교
        하게 해 주심을 감사하고,
다섯째, 예수 믿다가 누워서 죽는 것도 큰 복이라
        하거늘 하물며 전도하다가 총살 순교함이요.
여섯째, 미국 가려고 준비하던 내 아들 미국보다 더
        좋은 천국 갔으니 내 마음 안심되어 감사하며,
일곱째, 내 사랑하는 두 아들 총살한 원수를 회개시켜
        내 아들 삼고자 하는 마음 주신 하나님께 감사하고,
여덟째, 내 두 아들의 순교의 열매로 말미암아 무수한
        천국의 아들들이 생길 것이 믿어지니 감사합니다.
아홉째, 이와 같은 역경 속에서 이상 여덟 가지 진리와
        하나님의 사랑을 찾을 수 있는 기쁜 마음, 여유 있는
        믿음 주심을 감사하나이다.

향년 49세….

퇴각하던 북한 인민군은 여수 미평 과수원에서 잡아들인 모든 사람을 총살했다. 그리고 그날 아침…

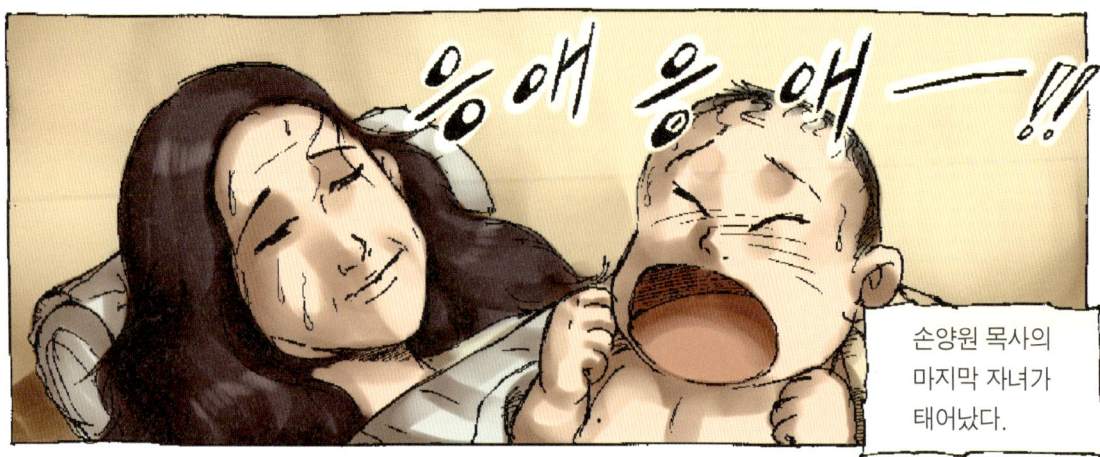

손양원 목사의 마지막 자녀가 태어났다.

성경대로 산다고 해서 오늘 예수 믿고, 내일은 바울이 되는 것이 아닙니다.
기독교는 생명의 종교라 점점 자라갑니다.
우리도 날마다 성경을 배워 자라갑니다. 기도하며 성경 읽고 우리 신앙이 자라
우주 속에 역사하시는 하나님을 발견할 수 있게 됩니다.
일조일석一朝一夕에 되지 아니한다고 낙심하지 마십시오.
하나님의 천지창조도 육일 간에 완성되지 않았습니까.
'너희가 나를 믿으면 나보다 더 큰 일을 하리라' 한 것은 사도들의 큰 역사를 말합니다.
사도 바울의 신앙도 자라감을 우리가 볼 수 있습니다.
그가 처음에는 '나는 사도 중에 작은 자'라고 하더니 다음에는 '신자 중 작은 자'라 하고,
나중에는 '죄인 중 괴수'라고 하였으니 이는 신앙 장성의 표입니다.

'손 목사 너는 잘 믿는가?' 물으면 나는 '아닙니다. 악한 것뿐입니다.'라고 할 수밖에 없습니다.
다만 여러분을 위해 하나님께서 은혜를 입혀 주신 것뿐입니다.
나에게도 불결한 것을 많이 발견합니다. 그러나 나는 낙심하지 않습니다.
어느 부인이 울면서 내게 말해주었습니다.
"그것이 곧 거듭난 증거입니다."

-손양원 목사 설교 '성경대로 살자' 중에서-

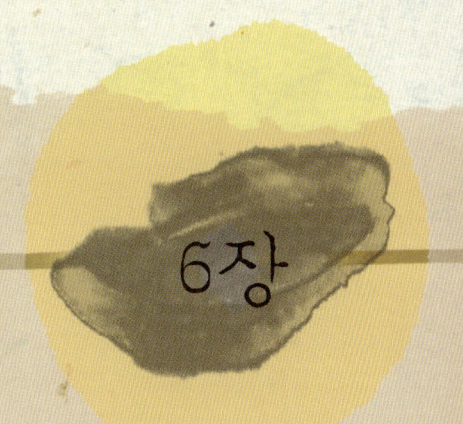

6장

애양원과 사랑의 사람들

인생은 과거 잘한 것에 교만해지기 쉽고
실패에 낙심키 쉬우며
미래로 미루다 일평생 속아 산다.
오늘만이 내 날이요, 주님 만날 준비 생활도 오늘뿐이다.
어디서, 무엇 가지고, 무엇하다가 주님 만날 것인가?
범죄치말라. 기도, 성경 읽기 등한히 하고,
책임을 게을리하다가 주를 만날까 두렵다.
오늘에 만족하게 살고 준비하라. 어둔 밤 되기 전에 준비하라.

-오늘이 내 날이다-

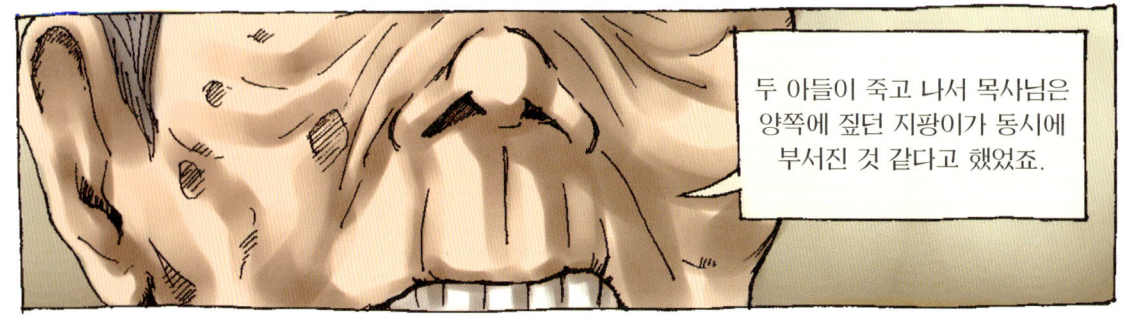

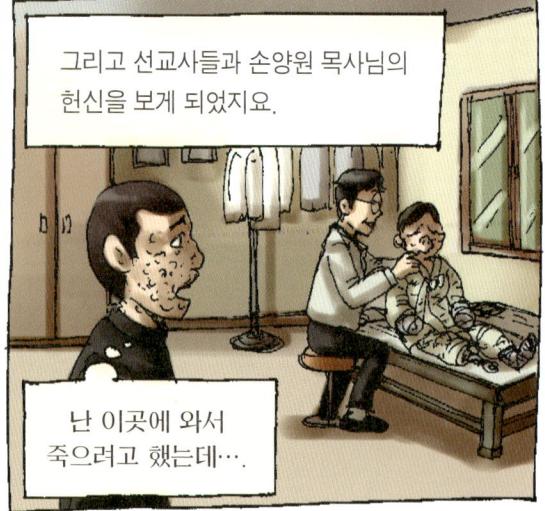

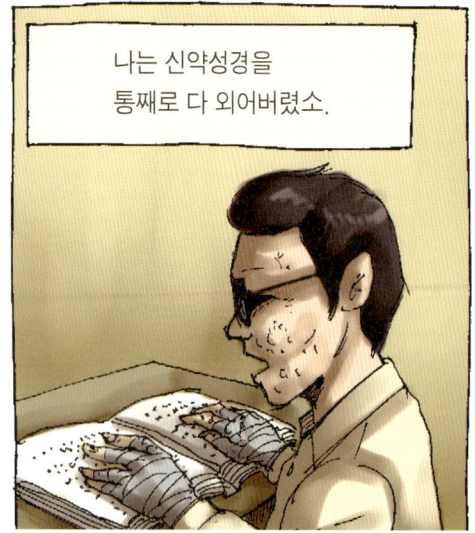

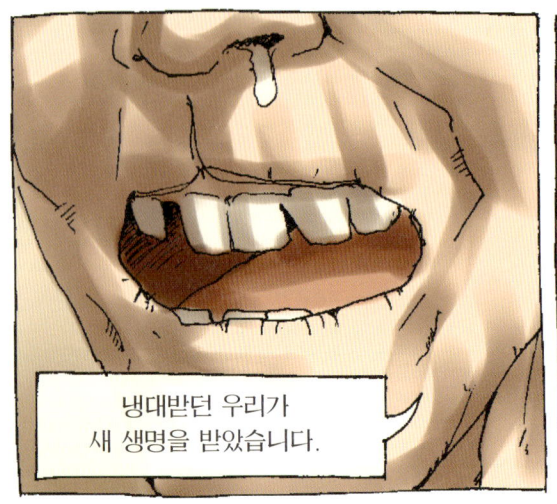
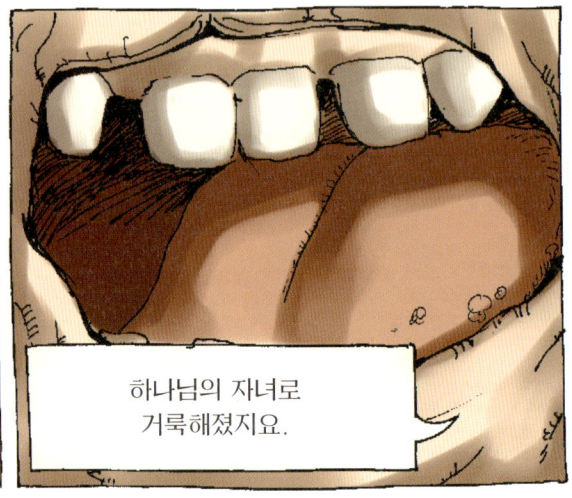

잘 오셨습니다.

제가 저희 아버지의 뒤를 이어 손양원 목사님의 신앙을 이을 것입니다.

주루룩

손양원 목사가 양아들로 삼은 안재선의 아들 안경선 목사. 그가 40여 년만에 애양원을 찾아왔다.

꽃피는 봄날에만

꽃피는 봄날에만 주의 사랑 있음인가
땀을 쏟는 염천에도 주의 사랑 여전하며
열매 맺는 가을에만 주의 은혜 있음인가
추운 겨울 주릴 때도 주의 위로 더할 것은

솔로몬의 부귀보다 욥의 고난 더 귀하고
솔로몬의 지혜보다 욥의 인내 아름답다
이 세상의 부귀영화 유혹의 손길 되나
고생 중의 인내함은 최후 승리 이룩하네

세상 권력 등에 업고 믿는 자를 핍박하는
어리석은 사람들아 회개하고 돌아오라
우상의 힘 며칠 가며 인간의 힘 며칠 가나
하나님의 심판 날에 견디지 못하리라

저 천성을 바라보니 이 세상은 나그넷길
죽음을 피하라고 나의 갈 길 막지 마라
내게 맡긴 양을 위해 나의 겨레 평화 위해
우리 주님 가신 길을 충성으로 따르리라

-1943년 8월 18일 옥중서신 중-

손양원 목사

'사랑의 원자탄' 손양원

손양원 목사의 삶과 신앙은 '사랑'이었다. 육신과 마음에 상처 입은 한센인들을 마음으로 안고, 두 아들을 죽인 자를 아들로 삼을 수 있었던 것은 슬픔과 고난의 극복, 기쁨과 용서의 근원이 바로 '사랑'임을 알았기 때문이다.

'예수 중독자' 손양원

'예수 중독자가 되어 예수로 살다가 예수로 죽자.'고 말했던 손양원 목사는 진실로 예수 중독자였다. 신사참배 강요에 굴하지 않고, 겨눠지는 총부리 앞에서도 자신의 신앙과 신념을 굽히지 않은 그의 신앙은 오늘날 그리스도인에게 반성과 도전을 심어준다.

'하얀불꽃' 손양원

두 아들의 순교로 무수한 천국의 열매가 생길 것이라 믿으며 감사했던 손양원 목사는 자신의 삶까지 불꽃처럼 강렬하게 피우다 순교의 삶을 완성했다. 그가 만들어 낸 강렬한 순교의 불꽃은 이념의 대립, 사회적 차별, 냉대 등 많은 갈등을 한순간 태워버린 것이었다.

산돌 손양원 (孫良源, 1902.6.3 ~ 1950.9.28)

한국 현대사의 질곡 속에서 고통받는 자들을 기도와 사랑으로 껴안았던 사랑의 순교자 손양원 목사. 일곱 살 때 예수를 믿기 시작하여, 1926년 이후 경남, 부산, 광주, 여수 등지에서 사역한 후, 1939년부터 애양원에서 한센인을 위해 헌신했다.
1940년 신사참배 반대로 일제에 의해 구금되었다가 해방과 함께 석방되었다. 1948년 여순사건 때 두 아들 동인과 동신을 잃었으나 아들을 죽인 자를 용서하고 사랑으로 받아들였다.
손양원 목사는 한국전쟁이 시작되고 1950년 9월 13일 공산주의자들에게 체포되어 같은 달 28일 총살당해 순교했다.

애양원 愛養園

선교역사 박물관, 애양원

1909년 포사이드 선교사가 길에 버려진 한센인 여인을 치료한 데에서 애양원의 역사는 시작된다. 1911년 광주에 설립된 최초의 한센인치료병원(광주나병원)에서 현재 여수의 애양원으로 이어지는 역사는 먼 이국으로 찾아와 목숨을 바쳐 헌신했던 많은 선교사의 사랑과 기도가 담겨있는 곳이다.

영혼의 치료소, 애양원교회 (현, 성산교회)

광주의 봉선리교회에서 시작한 애양원교회는 많은 한센인에게 구원의 기쁨과 육신의 고통을 넘는 천국의 자유를 알게 해 주었다. 한때는 냉대받던 그들이 세상을 향해 주님의 사랑을 베풀 때 그 사랑은 더 큰 힘을 갖고 세상을 바꾸게 되었다.

사랑이 자라는 동산, 애양원

1935년 애양원 원장인 윌슨 박사가 환우들에게 공모하여 채택한 이름이 바로 '애양원'이었다. 사랑이 자라나는 동산을 지상에서 이루어낸 바탕에는 예수의 사랑과 신앙의 믿음 이야기들이 숨겨져 있다. 오늘도 많은 이들이 이곳을 찾아 선교사들의 헌신, 신앙인들의 믿음 이야기를 만나고 간다.

애양원

1911년 광주에 세워진 한센인치료소(광주나병원)가 1928년 여수 신풍면으로 이주하면서 현재 애양원이 설립되었다. 600명의 한센인이 애양원으로 옮겨와 병원, 교회, 학교 등 한센인 마을을 형성했다. 현재에도 애양병원, 애양원 성산교회를 중심으로 사람들이 정착하여 살고 있으며, 이들의 역사는 애양병원, 애양원역사박물관, 애양원 성산교회, 손양원목사순교기념관이 이어오고 있다.

www.aeyangwon.org
애양병원 www.wlc.or.kr
애양원 성산교회 061-682-7515

손양원목사 연보

1908.
부친을 따라 입교(7세)

1917.
호주 선교사인 맥레 Frederick J. L. Macrae, 맹호은 선교사에게 세례받음

1902.6.3
경남 함안군 칠원면에서 손종일 장로와 김은수 집사의 장남으로 출생

1914-1919.
칠원공립보통학교

1939.
여수 애양원 교회 부임 (한국인으로는 2대 목사)

1938.
평양신학교 졸업

1932-1934.
부산 남부민교회 시무

1938-1939.
부산, 양산군, 김해군, 함안군 등의 교회 순회 전도하며 신사참배 반대 운동 전개

1935.
평양신학교 입학, 능라도교회 시무

1940.9.
신사참배 거부로 여수 경찰서에 검속

1940.11.
광주 형무소에 투옥

1943.10.
청주 보호 교도소에 감금

1945.8.
해방으로 석방

1946.
경남노회에서 목사 안수

- 1919. 서울 중동학교 입학
- 1920. 부친 손종일 장로의 독립만세 운동으로 구속, 서울 중동학교 자퇴
- 1921-1923. 일본 동경 스가모중학교 巢鴨中學校 졸업
- 1924. 정양순 여사와 결혼
- 1924. 칠원읍교회 집사 피선
- 1925.11.6 장남 동인 출생
- 1926. 경남 성경학교 입학, 부산 감만동 교회 외지 전도사로 부임
- 1929. 경남 성경학교 졸업
- 1932. 〈성서조선〉지 사건으로 감만동교회 사임
- 1930.9.18 차남 동신 출생
- 1926-1932. 밀양, 울산, 부산, 양산에 교회 개척
- 1948.10.21 여순사건으로 동인(25세), 동신(19세) 순교, 아들을 죽인 자를 양아들로 삼음
- 1950. 한국전쟁으로 공산군에게 검속
- 1950.9.28 여수시 미평 과수원에서 순교
- 1995.8.15 국가독립유공자로 선정 건국훈장 애족장 수상

사진으로 보는 애양원과 손양원 목사

▲ 포사이드 선교사가 데려온 한센인 여인을 치료한
　벽돌 가마터와 윌슨목사

▼ 광주 봉선리 치료소

▼ 한성신학교 건물(현재 토플하우스)

▲ 여수에 세워진 애양병원
　(현재 애양원역사관)

▼ 경남 함안의 손양원 목사 생가

▼ 1939년 애양원교회 모습

▲ 애양원 정문에 서있는 손양원 목사

▲ 애양병원에서 직원들과 함께 한 손양원 목사

▲ 예배모습

▼ 1939년 7월 14일 부임 당시 가족들과 사택에서 찍은 사진

▼ 애양원 사람들의 합동결혼식

▼ 손양원 목사의 장남
손동인(1948년 순교)

▼ 손동인과 기독학우들

▲ 안장 후 동인, 동신 무덤 앞에 선 가족들

▲ 백범 김구와 손양원

◀ 백범 김구 선생이
손양원 목사에서 써준 시

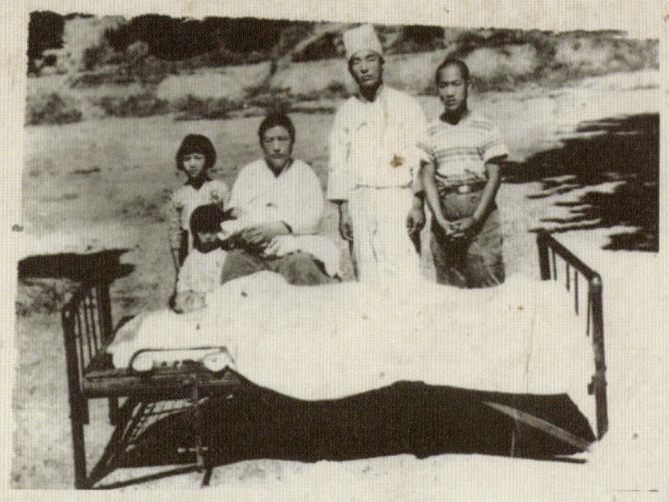
▲ 순교한 손양원 목사와 가족들

▼ 손양원 목사 하관식

▲ 옥중서신

손양원 목사 장례 후 가족사진 ▶

지금 그곳엔...

애양병원

www.wlc.or.kr

1909년 광주에서 시작된 한센인 치료를 시작하여 100년이 넘는 역사를 가진 한센인 치료병원으로, 지금은 한센인 치료보다는 인공관절수술 등 관절질환과 관련된 환자들이 많이 찾아오고 있다.

애양원 성산교회

애양원교회의 역사는 광주 선교부가 출범한 1904년부터 시작되었다. 1926년부터 지금의 여수 애양원으로 옮겨온 뒤 터를 잡고 신앙공동체의 중심역할을 했다. 손양원 목사의 순교이야기가 남아있는 곳으로 지금도 많은 사람이 찾아와 신앙의 정신을 되새긴다. 1대 김응규 목사, 2대 손양원 목사를 비롯하여 현재 7대 정종원 목사까지 애양원의 신앙정신이 이어오고 있다. 1982년 본원의 어린아이들을 보호하기 위해 교회이름을 성산교회로 바꾸었다.
현재 국내외에 40여 개의 교회를 개척하여 후원하고 있다.

Tel 061-682-7515
Web www.aeyangwon.org
담임목사 정종원 목사

주일예배 주일 오전 10:00-11:00
찬양예배 주일 오후 2:30-3:30
삼일기도회 수요일 오후 1:00-2:00

애양원역사관

1928년 애양원 이주 후 현재의 병원건물이 세워지기 전까지 사용했던 병원건물로, 지금은 애양원역사관으로 당시의 의료기구, 환우들의 생활상, 사진 자료들을 볼 수 있다.

손양원 목사 순교 기념관

기념관 관람 안내

Tel 061-682-9534(담당자 김선희)
관람시간
월-토 9:30am-6:00pm
주일 예약한 경우 예배시간 외에 관람 가능
관람료 무료
판매 손양원 목사 관련 책, CD, DVD, 기념엽서 등

손양원 목사의 순교와 사랑의 정신을 계승하기 위해 1993년 손양원 목사 순교기념관을 건립하였다. 건물 전체 형태의 'ㅅ' 자는 손양원 목사의 '손'에서 땄으며, 손양원 목사의 서신, 관련 사진, 한성신학교 자료 등이 전시되어 있다.

1년에 4만 명의 방문객이 다녀가는 여수의 대표적인 기독교 기념관이다.

토플하우스

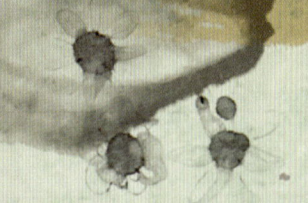

1955년 전국의 한센인들을 위한 한센인 지도자 양성소인 한성신학교 건물로 세워졌다. 지금은 마지막 미국인 원장이자 22년간 애양원 원장으로 헌신한 토플(Stanley C. Topple, 도성래) 선교사의 이름을 붙여 '토플하우스'로 불리고 방문객들의 숙소로 사용되고 있다.

손양원 목사 순교장소

현재 과수원은 사라졌지만 둔덕동 새중앙교회 뒤편에는 그곳이 순교지였음을 알리는 비석이 세워져 있다. 또한 그 옆에는 순교공원이 조성되어 있는데, 이날 함께 순교한 순교자 10인을 기억하고 기념하는 순교비가 세워져 있다.

삼부자의 묘

1948년 10월 21일에 순교한 손양원 목사의 두 아들인 동인, 동신의 묘(앞)와 1950년 9월 28일에 순교한 손양원 목사와 1977년 11월 26일에 소천한 정양순 사모가 합장된 묘(뒤)가 있다.
묘지 옆에는 방문객들을 위해 손양원 목사의 연보가 적힌 안내문이 있다.

애국지사 산돌손양원 기념관

기념관 운영 안내

평일(월~토) 09:00~18:00 (휴관일: 일요일, 1월 1일, 설날, 추석)
경상남도 함안군 칠원읍 덕산4길 39
Tel 031-587-7770
Web www.sonyangwon.com

애국지사 산돌손양원 기념관은 손양원 목사의 하나님 사랑, 나라사랑, 이웃 사랑의 숭고한 정신과 순교자로서의 삶을 추모하는 수많은 성도들의 끊임없는 기도와 헌금으로 세워진 기념관이다.

손양원 목사의 모교회인 칠원교회가 2008년에 당시 개사육장으로 사용되고 있었던 생가터(400평)를 매입하였고, 산돌손양원기념사업회와 국가보훈처, 경상남도, 함안군이 애국지사손양원선양사업에 적극 협력하여 2014년 4월 23일에 착공하여 1년 6개월만인 2015년 10월 20일에 개관하였다.

기념관은 부지 3,656㎡(1,100평)에 생가 30㎡(8평)와 연면적 1,240.76㎡(375.99평)으로 외부 전시장과 3개의 실내전시장, 카페, 갤러리, 기록보관실, 영상실, 사무실 등을 갖춘 지상 2층, 지하 1층 규모로 지어졌다.

좁은 길

손양원 생가

9가지 기도문

나라사랑(Love of Country)

일제에 맞서 신사참배를 거부했던 손양원 목사의 기도하는 모습과 옥중서신이 전시되고 있다.

인간사랑(Human Love)

육신과 마음에 상처 입은 한센인들을 하나님의 사랑으로 끝까지 사랑했던 손양원 목사의 모습과, 백범 김구와의 관계를 보여주는 조형물 등이 전시되고 있다.

하나님 사랑(Loving Heaven)

두 아들을 잃게 한 원수를 사랑으로 감싸 안고, 자신의 삶까지도 불꽃처럼 강렬하게 살다가 순교한 손양원 목사의 하나님에 대한 절대 신앙과 사랑을 예술작품으로 전시해 놓았다.

갤러리

"하늘문이 열리고", "세 발의 총성" 등 최미정 작가의 작품 6점이 전시되어 있다.

영상실

카페

협찬광고

"피부가 바뀐다!"

미바 신규고객 프로모션 **모든 피부고민 해결!**
정품 무료증정 이벤트

세계 유명 온천에 들어있는
미네랄칼슘 함유량이 10배이상 들어 있어
일주일만 꾸준히 사용하시면
'온천수 그 이상의 효능' 을 느끼실 수 있습니다
피부 속부터 촘촘히 채우는
미네랄 보습으로 속당김까지 해결하세요

온천욕 하면 미인 된다?

일본 3대 미인 온천 중 하나로
알려진 군마현의 가와나카 온천은
'칼슘천'이라고 하여 칼슘성분이 매우
풍부하게 함유돼 있습니다.

풍부한 칼슘 함유로 인해
**목욕 후 청량감이 들고,
피부가 매끄러워져 미인천**이라고
불리지요.

온천수에 함유된 칼슘은 피부에
작용하여 매끄러움과 윤택함을 줍니다.
따라서 수많은 미네랄 가운데
'칼슘 이온'이 다량 함유된 온천수일수록
피부에 작용하는 효능이 유독 뛰어날
수 밖에 없는 것이죠.

SCI 급 논문으로 입증된
미네랄의 왕, 칼슘의 효능

이온화 된 이온칼슘이 피부 깊숙이 파고 들어가 피부 속, 부족한 칼슘을 채워 수 많은 피부고민을 해결하며 **특히 건성피부 고민은 완전히 해결해 드립니다.**

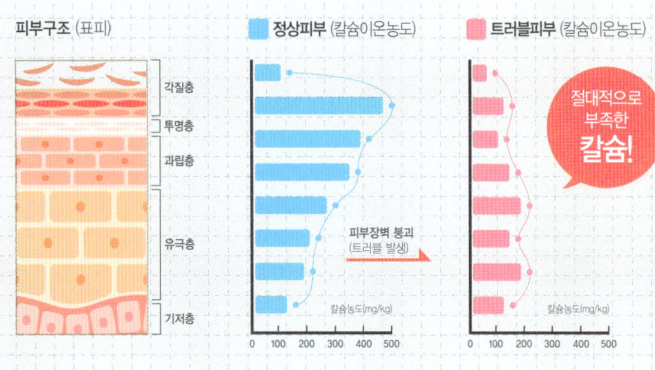

SCI 란?
세계적인 미디어그룹 Thomson Reuters(톰슨로이터스) 사에서 제공하는 과학논문 인용색인으로 국제적으로 영향력있고 자주 인용되는 저널들이 주로 등재된다.

회원가입 & 제품주문 1544-0205 / 1688-2878

피부고민 해결 미네랄 화장품
MineralBio
Natural Ion Calcium Bio Skincare

NAVER | 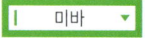 | 검색 피부고민해결 **MiBA**

미네랄바이오 홈페이지에서 만나실 수 있습니다

청소년 피부 고민

피지
· 모공
· 사춘기성
· 피부 고민 해결

호르몬 분비가 왕성환 청소년 피부

"매일 온천욕 한 듯 매끄러운 피부결"
이온칼슘 스킨 스프레이 200ml
■ 정가 : 27,000원
세계 유명 온천 대비 칼슘 10배 함유
진정, 각질, 보습을 하나로

"뽀득 뽀득 겉과 속을 싹!"
이온칼슘 뽀드득 폼 클렌징 240ml
■ 정가 : 22,000원
뽀득하고 개운한 사용감이 특징
모공 과잉 피지 케어에 효과적

"극세사 거품이 피지를 쏙쏙!"
이온칼슘 리페어 솝 80g
■ 정가 : 10,000원
찰지고 미세한 거품이 모공 속까지
말끔하게. 15일간 숙성하여
이온칼슘 효과 극대화

"피지, 독하게 잡다"
이온칼슘 피지 컨트롤 모이스처 100ml
■ 정가 : 32,000원
과잉피지, 블랙헤드, 수분 부족 급속 케어
청소년, 남성 피부에 적합

"온천에 담근 듯 차오르는 매끄러움"
이온칼슘 물방울 6Day pack
■ 정가 : 24,000원
세계 유명 온천 대비
칼슘 10배 함유. 농축된 칼슘
미네랄 효능을 피부 깊숙이

청소년 피부 고민 후기

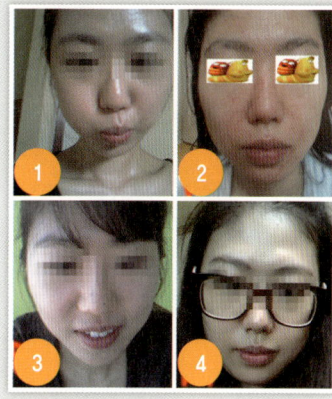

kk12*** 고객님

원래 피부톤보다 훨씬 밝고 투명해졌습니다.

하나를 발라도 꼼꼼히 두드리면서 발랐습니다.
어느 날 피부상태가 최고조(??)까지 올랐습니다.
한 번씩 다 뒤집어 지더니 수일내로 각질이
벗겨지면서 좋아지기 시작했습니다.

원래 해주던 것보다 더 꼼꼼하게 보습을 하면서
자외선 차단에 신경썼습니다.

붉은기과 이상한 트*블이 다 드러나면서 원래
피부로 돌아오기 시작했습니다. 그리고 원래
피부톤보다 훨씬 밝고 투명해졌습니다.

"미바는 비싸다??"

제품 하나 가격은 좀 비싼거 같지만
구매금액 사은품, 이벤트 할인 그리고 구매금액별 할인을
통하여 **5만원 이상 구매시 30%이상 할인**
10만원 이상 구매시 50% 이상 할인 받으실 수 있어요~
부담 없는 가격으로 피부고민 해결하세요~!

"미바를 만나면 당신의 피부고민도 해결됩니다"

건성 피부 고민	지성 피부 고민	클렌징 고민	아기와 엄마 피부 고민	청소년 피부 고민
미백 주름 고민	탈모 두피 고민	햇빛에 의한 피부손상 고민	잇몸 입술 건강 고민	주부 거친손 고민

산돌 손양원

| 발행일 | 2013년 3월 24일 1쇄 발행
| | 2013년 3월 31일 2쇄 발행
| | 2013년 4월 15일 3쇄 발행
| | 2013년 5월 6일 4쇄 발행
| | 2017년 4월 27일 개정판 1쇄 발행

발행인 | 김재현
그린이 | 이창윤
글쓴이 | 이경윤
펴낸곳 | 한국고등신학연구원(KIATS)
등　록 | 제 300-2004-211호
주　소 | 서울시 용산구 한강대로 25-8 한준빌딩 1층
전　화 | 02-766-2019
팩　스 | 0505-116-2019
E-mail | kiats2019@gmail.com
ISBN | 979-11-6037-053-9 (03230)

* 본 출판물의 저작권은 한국고등신학연구원(KIATS)에 있습니다.
* 사전동의 없이 무단으로 복사 또는 전재하여 사용할 수 없습니다.

* 이 도서의 국립중앙도서관 출판예정도서목록(CIP)은 서지정보유통지원시스템 홈페이지(http://seoji.nl.go.kr)와
　국가자료공동목록시스템(http://www.nl.go.kr/kolisnet)에서 이용하실 수 있습니다.(CIP제어번호: CIP2017009151)